Eckhard Ullrich

Ilmenau von A bis Z

Rhino Westentaschen-Bibliothek
Band 50

Das Rathaus und das GoetheStadtMuseum am Marktplatz

Eckhard Ullrich

Ilmenau von A bis Z

RHINOVERLAG

Trotz gewissenhafter Bearbeitung kann eine Haftung für den Inhalt nicht übernommen werden. Für aktuelle Ergänzungen und Anregungen ist der Verlag jederzeit dankbar.
Wir bedanken uns bei allen, die uns unterstützt haben.

Fotos: Dr. Lutz Gebhardt,
außer Rückseite: Henry Czauderna

Impressum

© 2016 RhinoVerlag Dr. Lutz Gebhardt & Söhne GmbH & Co. KG
Am Hang 27, 98693 Ilmenau
Tel.: 03677/46628-0, Fax: 03677/46628-80
www.RhinoVerlag.de

Titelbild: Aussichtsturm auf dem Kickelhahn; Henry Czauderna
Layout, Satz: Verlag ***grünes herz***®, Sibylle Senftleben
Schrift: HumstSlab
Titelgestaltung: Jana Rogge, Weimar
Ortsplan: Verlag ***grünes herz***®
Übersetzung (Überblick): Susan Kubitz

1. Auflage 2016
ISBN: 978-3-95560-050-1

Inhaltsverzeichnis

Ilmenau von A bis Z – Register

Geschützter
Landschaftsbestandteil
Buchsteiche
Am Hang
Ilmenauer Allee
Kalte-
bads-
teich
L 3004/L 1140
Schacht
Neuer Johannes
Tulpenweg
Krokus-
weg
Blumenstraße
Nelkenweg
Gladiolenweg
Lilienweg
Wiesenweg
Dahlien-
weg
Asternweg
Johannesschacht
Pfaffenholz
Lärchenwäldchen
Feldstraße
Friedhof
Hist.
Friedhof
Erfurter Straße
Zur Akten
Hangeberg
Über der Sturmheide
Sturmheide
Marien-
gasse
Pfortenstraße
Seniorenzentrum
Jakobushof
Amtshaus
Amtsstr.
Am
Markt
Neue Marienstr.
Porzellanstraße
Hasen
Hintern Hasen
Pfortenstr.
Güldene Pforte
Fleischer-
gasse
Burggasse
Graben
Altes
Zechenhaus
Zechenhaus
Hoher Weg
Zwetschenberg
K.-Zink-
Schule
Zink-
Str.
Karl-
Ravenè-
Hütte
Oberer
Berggraben
Sozialtherap.
Wohnhaus
Bergmanns-
kapelle
Senioren-
residenz
Prellerhaus
Straße des Friedens
Breitengasse
Wenzelsberg
Mühl-
ILMENAU
Mittlerer Berggraben
Kino

Ilmenauer Werkstätten
HP Ilmenau-Pörlitzer Höhe
Ziolkowski-schule
Sportplatz Unterpörlitzer Straße
Bolz-platz
Ratsteiche
Skaterplatz
Unterpörlitzer Str.
L 3087
Bücheloher Straße
Gewerbegebiet "Auf dem Mittelfeld"
Auf dem Mittelfeld
Unterpörlitzer Straße
Heisenberg-bau
Wert-stoffhof
DEKRA
Feuer-wehr
kath.
Acker-str.
Ratsteichstraße
Friesenstraße
Ilmenau Kolleg
Rudolf-Breitscheid-Str.
Albert-Pulvers-Str.
Paul-Bleisch-Str.
Georg-Schmidt-Technikum
Weimarer Straße
Zeppelin-str.
Curie-bau
Röntgenbau
Mittelfeldstraße
Zur Spessarthütte
Himmelblau
Weimarer Straße
Faradaybau
Ludwig-Jahn-Str.
Schlachthofstraße
Baracke 5
Helios-bau
DRK-Rettungs-wache
Professor-Schmidt-Straße
Friedrich-Ebert-Straße
Fischer-weg
Post-straße
An der Schloss-mauer
Busbahnhof (x2)
Musik-schule
Kronne-str.
FZ Dr. Hans Vogel
Wetzlarer Platz
Bahnhofstr.
Bahndamm
Neuhäuser Weg
ThIMo
VHS
Försterei
August-Bebel-Str.
Blue-Ash-Park
Taxi
Bahnhof Ilmenau
TGZ
Mühltor
Technologie-Terminal
Ehrenbergstraße

ILMENAU
Unterer Berggraben
Kino
Wenzelsberg
Sophien-str.
Linden-str.
Homburger Platz
Mühl-
Mühlen
Fest-halle
Schleusinger Allee
(x5)
Naumannstraße
Bf. Ilmenau-Bad
Rennsteigbahn/RennsteigShuttle
Kohlenweg
Ilm-sporthalle
Lessing-park
Goetheallee
Waldstraße
Alter Kurpark
Außenstelle Landratsamt; Jobcenter
Krankenhausst
Herderstraße
Scheffelstraße
Hufelandstr.
Heinr.-Heine-Str.
Cl.-Zetkin-Str.
Theodor-Körner-Str.
Baumbachstr.
Schiller-str.
Waldstraße
Thomas-Mann-Str.
Gerhart-Hauptm
Gymnasiu "Am Lindenb
Prof.-Deubel-St
Prellerpromenade
Fröbel-str.
Knebelstraße
Sertürnerstraße
Lindenberg
Prof.-Dr.-Stamm-Str.
Ritzebühl
Wielandstraße
Corona-Schröter-Str.
Ritzebühler Teich
Peter-Eckermann-Str.
Lindenberg
Gymnasium Goetheschule (H1)
zum Jagdhaus Gabelbach, Kickelhahn, Frauenwald
Hertzerpromenade

Mühltor
TTI
TGZ
Technologie-
Terminal
Ehrenbergstraße
Liebknecht-
Str.
Oehren-
stöcker
Straße
Schlitten-
scheune
Mühlgraben
Langewiesener Str.
Talstr.
Tigru-
Mures-
Park
Talstraße
Ilm
Kontorhaus
Fischerhütte
Floßberg
Sonderfahrten
Hans- Weihrach-
Str.
Stollen-
turnhalle
Am Stollen
Bertolt-
Brecht- Str.
Krankenhausstr.
Grundschule
Am Stollen
Hoch-
haus
Bergrat-Mahr-
Str.
Johann-
Ilm-Kreis-
Kliniken
Arndtstraße
Gartenstr.
Geschw.-
Scholl-Schule
Bergrat-Voigt-Str.
Friedrich-
Am Stollen
JH
Schulweg
Koch-
Str.
Böttger-
Straße
Schortestraße
Dr.-Höhle-Straße
Gartenstraße
Robert-
Gutenbergstr.
Joliot- Curie- Straße
Christian-Füchsel-Str.
Geschwister-Scholl-Straße
Hanns- Eisler- Straße
Arndtstraße
Schortestraße
Ulmen-straße
Hüttenholz-straße
zum Besucherbergwerk
"Volle Rose", zum Schortetal

- 1273 umstrittene Erwähnung der Siedlung „Ilmina“
- 1302 erste gesicherte urkundliche Erwähnung
- 1341 Ersterwähnung als „stat“
- 1343 Verkauf an die Grafen von Henneberg
- 1353 erster bekannter Stadtbrand
- 1426 erste Erwähnung des Rathauses
- 1444 Silber- und Kupferbergbau erstmals nachgewiesen
- 15. Jahrhundert Stadtkirche als gotische Hallenkirche errichtet
- 1555/56 Bau eines Stadtwalls
- 1583 Ilmenau geht an Sachsen
- 1603, 1624, 1683 Stadtbrände
- 1660/61 nach Erbteilung ans Herzogtum Sachsen-Weimar
- 1675 Gründung der ersten Glashütte
- 1691 Einrichtung der Münzstätte
- 1730 Baubeginn für das Rokokoschloss
- 1752 größter Stadtbrand der Geschichte
- 1761 Neubau Jakobuskirche fertig

- 1768 Ilmenauer Empörung
- 1776 Goethe besucht erstmals Ilmenau
- 1777 Gründung der ersten Ilmenauer Porzellanfabrik
- 1780 Goethe schreibt „Wandrers Nachtlied" auf dem Kickelhahn
- 1783 Bau des Jagdhauses Gabelbach
- 1784 Wiedereröffnung des Bergbaus
- 1831 Goethe verbringt zum vierten und letzten Mal seinen Geburtstag in Ilmenau
- 1838 Beginn des Kurbetriebes mit Kaltwasserheilanstalt
- 1852 Einweihung Kreuzkirche
- 1879 Anschluss ans Eisenbahnnetz
- 1887 Einweihung des Postamtes
- 1892 Gründung Großherzogliches Eichamt
- 1894 Gründung Thüringisches Technikum
- 1920 Gründung der Volkshochschule
- 1922 Baubeginn neues Krankenhaus
- 1922 Ilmenau gehört zum Kreis Arnstadt

- 1938 Bau der Festhalle
- 1952 Ilmenau wird Kreisstadt im Bezirk Suhl
- 1953 Gründung der Hochschule für Elektrotechnik
- 1970 Baubeginn für das größte Glaswerk der DDR
- 1971 Baubeginn Stollen
- 1973 700-Jahr-Feier der Stadt
- 1977 Baubeginn Pörlitzer Höhe
- 1989 Politische Wende
- 1992 Technische Hochschule wird Universität
- 1994 Große kreisangehörige Stadt
- 2005 Fertigstellung A 71 mit zwei Ilmenauer Abfahrten
- 2007 Einweihung der Eissporthalle
- 2013 Eröffnung Technologieterminal B am Bahnhof

Blick vom Kickelhahn auf Ilmenau

Ilmenau – an historic outline

- 1273 Disputed mention of a settlement called "Ilmina"
- 1302 Ilmenau first indipustably mentioned in a charter
- 1341 Ilmenau first referred to as a "Stat" (Stadt in modern German: town)
- 1343 Town sold to the Hennerberg nobility
- 1353 Town burnt down (the first time as far as is known)
- 1426 Town hall (Rathaus) first mentioned in writing
- 1444 Silver and copper mining first recorded
- 15th century Parish church built in Gothic vaulted form
- 1555/56 Rampart constructed
- 1583 Ownership of Ilmenau transferred to Sachsen (Saxony)
- 1603,1624, 1683 Town burnt down repeatedly
- 1660/61 Transferred to the Duchy of Sachsen-Weimar on division of estate

Ilmenau – an historic outline

- 1675 First glassworks founded
- 1691 Town mint set up
- 1730 Building of the rococo palace commenced
- 1752 Greatest fire in the history of the town
- 1761 Construction of the new Jakobuskirche (St. James') completed
- 1768 The Ilmenau Revolt
- 1776 Ilmenau first visited by Goethe
- 1777 First china factory in Ilmenau founded
- 1780 Wandrers Nachtlied, Goethe's renowned short poem, composed on the Kickelhahn hill
- 1831 Goethe's birthday spent in Ilmenau for the fourth time.
- 1838 Spa business begun; hydrotherapy clinic opened
- 1852 Kreuzkirche (Church of the Cross) consecrated
- 1879 Ilmenau connected to the railway network
- 1887 Post Office established

Ilmenau – an historic outline

- 1892 Assay Office of the Grand Duchy founded
- 1894 Thüringisches Technikum (private training college) established
- 1920 Volkshochschule (communal Further Education centre) founded
- 1922 Constuction of hospital begun
- 1922 Ilmenau incorporated into Kreis (District) of Arnstadt
- 1938 Festhalle (communal concert hall) built
- 1952 Ilmenau accorded Kreisstadt (district town) status in the Suhl Bezirk (regional division of the GDR)
- 1970 Construction of the glassworks begun, the largest in the GDR
- 1971 Construction of the Stollen residential estate begun
- 1973 700th anniversary of Ilmenau celebrated
- 1977 Construction of the Pörlitzer Höhe residential estate begun
- 1989 Political upheaval, fall of the Berlin Wall

Winter auf dem Kickelhahn

Ilmenau – an historic outline

- 1992 Ilmenau's Technische Hochschule accorded university status
- 1994 Ilmenau designated "große kreisangehörige Stadt", denoting regional importance
- 2005 A71 autobahn completed up to the two exits for Ilmenau, Ost and West
- 2007 Ice rink inaugurated
- 2013 "Technologie-Terminal B" opened in the railway station buildings

A

Die **Alte Försterei** am Wetzlarer Platz wurde in den Jahren 1733/34 errichtet und gehörte zum Gesamtkomplex des Ilmenauer Rokokoschlosses, das wenige Jahre nach seiner Errichtung dem großen Stadtbrand von 1752 vollständig zum Opfer fiel. Im sanierten Zustand Eigentum der Ilmenauer Wohnungs- und Gebäudegesellschaft, beherbergt sie als Mehrgenerationenhaus mehrere Vereine. In ihrer wechselvollen Geschichte diente der Bau dem herzoglichen Forstwesen wie später auch als Gewerbesitz und einfaches Wohnhaus. Der Kulturbund der DDR mit Kleiner Galerie fand hier sein Domizil, ebenso zwei Zeitungsredaktionen in der Wendezeit. Für Goethefreunde verkörpert sie vor allem den Ort, der mit dem 64. und dem 82. Geburtstag des Dichters verbunden ist. Eine Tafel an der Vorderfront erinnert an die Ilmenauer Holocaust-Opfer.

Das Amtshaus am Marktplatz

Das **Amtshaus** wurde nach dem Stadtbrand 1752 auf den Fundamenten des Vorgängerbaues von 1616 in seiner heutigen Form neu errichtet. Im Dreiecksgiebel ist das Henneberger Vollwappen mit Jahreszahl zu sehen. Seit 2002 in städtischem Eigentum, finden sich hier das neu gestaltete Goethe-StadtMuseum, die Ilmenau-Information und das Kulturamt der Stadt. Im ursprünglich herzoglichen Wohn- und Amtshaus nahm Goethe mehrfach Quartier, wenn er seinen dienstlichen Obliegenheiten (Bergbau, Finanzwesen) im Auftrag von Herzog Carl August zu folgen hatte. Das Haus war Gerichtssitz bis zum Umzug des Gerichts in das nahe gelegene Gebäude der ehemaligen Glasfachschule am Wallgraben. Es begrenzt nördlich den historischen Marktplatz und weist mit seiner eindrucksvollen Fassade auf die Baugeschichte hin. Der Goethewanderweg nimmt hier seinen Anfang.

Der **Apothekerbrunnen** ist ein zentraler Ort in Ilmenaus Altstadt. Hier stellen Politiker ihre Stände vor Wahlen auf, hier sammeln sich Bürger zu Kundgebungen, hier finden Konzerte statt. Die Plastiken „Am Weg" und „Aufschauender" des Bildhauers Volkmar Kühn erinnern an den 1. Ilmenauer Kunstweg im Jahr 2000. Der Brunnen aus dem Jahr 1962 erregte DDR-weit Aufsehen, als der damalige Bürgermeister Kurt Heunemann Gelder aus einer Fernseh-Spielshow für seine Sanierung gewinnen wollte. Der Name bezieht sich auf die Stadtapotheke.

Der Apothekerbrunnen zu Ostern

Benachbart sind markante Gebäude wie die Buchhandlung Grimm und der ehemalige „Sächsische Hof“, vormals „Posthof“, der mit den Namen Goethes,

Charlotte von Steins und vor allem dem von Corona Schröter verbunden ist, die hier ihre letzten Lebensjahre verbrachte und an Goethes Seite eine Iphigenie war; Goethe spielte den Orest. Alljährlich findet am ersten Juniwochenende das Altstadtfest vom Markt bis zur Lindenstraße statt.

B Die Geschichte des Ilmenauer **Bergbaus** reicht nachweislich bis ins 15. Jahrhundert zurück. Vielfältige Zeugnisse und Orte erinnern an ihn. Nach 1680 zogen Neubürger aus Sachsen, Böhmen und auch aus der Thüringer Nachbarschaft nach Ilmenau, um Arbeit und Brot im Bergbau zu finden. Goethes aufwändiger, im Jahre 1784 gestarteter Wiederbelebungsversuch (Schacht „Neuer Johannes“) scheiterte mit dem Bruch des Martinrodaer Stollens. Zwischen 1857 und 1860 sind abermals Probestollen angelegt worden, allerletzte Versuche datieren auf 1925 und 1937. Einige Regionen des

Stadtgebietes unterliegen wegen darunter befindlicher Stollen bei Bauvorhaben besonderen Sicherheitsbestimmungen. Der Goethewanderweg berührt an mehreren Stellen markante Punkte dafür.

Berggräben dienten während der Zeit des Ilmenauer Bergbaus der nötigen Wasserzu- und -abfuhr. Ihr einstiger

---

Auf dem Oberen Berggrabenweg

Verlauf ist an drei Wegen der Stadt (Oberer, Mittlerer und Unterer Berggrabenweg) noch in unterschiedlichem Maße sichtbar. Der Obere Berggrabenweg ist seit 1996 zum kulturhistorischen Lehr- und Wanderweg ausgebaut und gehört mit dem Mittleren ebenfalls zum Goethewanderweg.

Die **Bergmannskapelle** wurde nach langem Verfall im Jahr 1994 erstmals als Vereinssitz der ehrenamtlichen Denk-

---

Die Bergmannskapelle

malpfleger der Öffentlichkeit präsentiert. Sie diente wahrscheinlich nie als Gebetskapelle für Bergleute, sondern war eines der sogenannten Kunstgebäude des Schachtes „Gottes Gabe" im Bergbaurevier Sturmheide. Der dort betriebene Kupferschieferbergbau endete 1739; ihm gilt eine kleine Ausstellung im komplett sanierten Fachwerkbau. Das Dachgeschoss beherbergt eine zweite Ausstellung zu Ehren von Sidonia Hedwig Zäunemann (1714–1740). Sie war die erste Frau, die in das Bergwerk einfuhr und danach darüber ein 39 Strophen umfassendes Gedicht mit dem Titel „Das Ilmenauische Bergwerk" verfasste, das auch als Sonderdruck erhältlich ist.

Die **Bobhütte** ging aus der 1926 errichteten Clubhütte des Ilmenauer Bobclubs hervor. Sie wurde zum Aufwärmen der Sportler zeitgleich mit der Bahn errichtet und diente von Anfang an auch dem leiblichen Wohl der Nutzer. Heute ist sie eine beliebte Ausflugsgaststätte, die in den 1950er-Jahren in freiwilligen Arbeitsstunden das jetzige Erscheinungsbild erhielt.

Die **Bobbahn** wurde 1926 am Nordhang des Lindenberges angelegt, ihr Verlauf vom Start an der Bobhütte bis zum Ziel an den Tennisplätzen ist jetzt größtenteils als Wanderweg nutzbar. Das Eröffnungsrennen gab es 1927 am 9. Januar. 1928 entstand sogar ein elektrischer Schlitten- und Personenaufzug. Die Erfolgsgeschichte des Ilmenauer Bob- und Rodelsports datiert aus dieser Zeit. Den Bob- und Rodelsport sollen englische und schweizerische Studenten nach Ilmenau gebracht haben. Der Bobclub entstand 1908, das erste offizielle Bobrennen wurde am 12. Januar 1908 auf der Gabelbachstraße ausgetragen. Ilmenau war 1913 Austragungsort der 1. Deutschen Rodelmeisterschaft, 1934 der IV. Europameisterschaft.

E

Der 528 Meter hohe **Ehrenberg** befindet sich auf den Gemarkungen Ilmenau und Langewiesen und ist fast ausschließlich zum Synonym für die Technische Universität Ilmenau und das sich an sie anschließende hochschulnahe Gewerbegebiet geworden. Hier verlief bis 1920 die Staatsgrenze zwischen Sachsen-Weimar-Eisenach und Schwarzburg-Sondershausen. Die Geologie des nur noch im Gipfelbereich bewaldeten Berges beschrieb

Blick auf den Ehrenberg

der Ilmenauer Geologe Hans Weber (1892–1965). Seine Schrift „Der Ilmenauer Naturlehrpfad“ gehört zur heimatgeschichtlichen Standardliteratur der Stadt. Die Bebauung des Ehrenberges begann 1953 mit der Gründung der damaligen Hochschule für Elektrotechnik (Kirchhoffbau, Helmholtzbau).

Der Stadtteil **Eichicht** befindet sich zwei Kilometer nordöstlich vom Zentrum. Fünf Wohngebäude in Platten-

Am Eichicht

bauweise waren 1973 im Zuge des Baus des Neuen Porzellanwerks Ilmenau (NPI) als eine Art Werkssiedlung mit Infrastruktur (Kaufhalle, Kindergarten) fertiggestellt. Der Wegfall der meisten Arbeitsplätze nach 1990 und das Ende der Porzellanproduktion wenige Jahre später bedeuteten einen radikalen Einschnitt. Leerstand und Abrisspläne verloren bald an Bedeutung, weil der starke Anstieg der Studentenzahlen in Ilmenau die Nachfrage auch nach diesen Wohnungen spürbar größer werden ließ. Das an der B 87, Abzweig Richtung Wümbach gelegene Viertel präsentiert sich nach Sanierungsarbeiten farbig und freundlich. Zirka 500 Menschen wohnen hier. Das Werksgelände ist jetzt Gewerbegebiet. Ein stillgelegtes Bahngleis erinnert an die frühere Verkehrsinfrastruktur.

Vom Beschluss des Stadtrates, auf der Abrissbrache des Bahnhofshotels und einer Glashütte eine **Eissporthalle** zu

Die Eissporthalle

errichten, bis zu ihrer feierlichen Übergabe 2007 vergingen reichliche zwei Jahre. Seither hat der Wintersportort Ilmenau eine weitere Attraktion mit bis zu 1.200 Zuschauerplätzen. Die Eisfläche ist 1.800 Quadratmeter groß und wird von Sportvereinen wie von der Bevölkerung genutzt. Die neue Halle inspirierte zur Neugründung eines studentischen Eishockeyvereins. Des Weiteren gründete sich ein vielversprechender Eiskunstlaufverein. In der Nähe ist als weiterer Neubau eine Schwimmhalle geplant, die die alte im Wohngebiet Stollen ersetzen soll.

F

Der FELSENKELLER, schräg gegenüber der Festhalle gelegen, ist ein 1809 begonnenes und 1811 fertig gestelltes Gebäudes, das im ersten Stockwerk einen großen, zwei Etagen hohen Ballsaal enthielt. Hier tanzte 1813 Goethe bei Gelegenheit seines in Ilmenau verbrachten 64. Geburtstages. Der eigentliche Felsenkeller bestand 1806 aus zunächst zwei parallel in den Fels getriebenen Gängen, dem 1838 ein dritter folgte. Hier lagerte im Sommer das „Ilmenauer Doppelbier", auch Felsenkellerbier genannt. Der Abriss des vernachlässigten, einst imposanten Baus an der B4 in Richtung Manebach erfolgte 1986. Historische Postkarten mit dem Motiv Felsenkeller sind unter Sammlern beliebt und erinnern an Ilmenaus Zeit als Kur- und Badestadt.

Das restaurierte Felsenkeller-Gemälde von Alfred Wegwerth ist seit 2012 im Rathaus zu sehen. Auf der anderen Straßenseite stand das Schützenhaus mit Schießbahn und Kegelbahn.

Die **Festhalle** wurde am 6. Juli 1938 mit einem musikalischen Festabend (Weimarische Staatskapelle) eröffnet. Gelegen im Stadtpark und bis heute mit großem und kleinem Saal, mit Podiumbühne und Künstlergarderoben ist sie

Die Festhalle

Hauptveranstaltungsort der Stadt. Maximale Kapazität sind 1.400 Stehplätze oder – je nach Bestuhlung – zwi-schen 400 und 1.000 Sitzplätze. In ihrer kurzen Geschichte zeitweilig Lazarett, Casino für Amerikaner, später Kreiskulturhaus. Zur Festhalle gehören die Parkgaststätten, im Kellerbereich finden sich der Fundus des Karnevalvereins und das Stadtarchiv, das wegen Hochwassergefährdung durch die Ilm in die Goethe-Passage umziehen wird. Eine Gedenktafel erinnert an die friedliche Revolution 1989. Bis zu 25.000 Teilnehmer versammelten sich auf dem Platz davor zu Großkundgebungen.

Die **Fischerhütte** wurde von Gustav Richard Fischer (1862–1921) begründet, 1907 war Baubeginn, 1910 die Einweihung. In ihr produzierte man bis 1976 technische und Gebrauchsgläser. Als letzte von ehemals mehreren Glashütten steht sie nun unter Denkmalschutz. Erhalten sind die historischen Baukörper, Kontorhaus, Schmelzofen und Rohrziehgang. Heute sind im Gebäude an der Langewiesener Straße zahlreiche Zeugnisse der technischen Glasproduktion Ilmenaus gesammelt und präsentiert, es finden Ausstellungen statt. Am Tag des offenen Denkmals und während der Langen Nacht der Technik kann man sie besichtigen und den Glasofen mit seinen „Hafen" bestaunen. Sitz des Vereins Ilmenauer Glastradition e. V.

G

Der **Gabelbach** ist ein rechter Nebenfluss der Ilm, der auf der Herzogröder Wiese entspringt. Er speist die Ritzebühler Teiche und mündet nach dreieinhalb Kilometern an der Tannenbrücke in die Ilm. Der kleine Bach ist Namensgeber für das Jagdhaus Gabelbach, das Berghotel Gabelbach, die Gabelbach-Gemeinde, ein vereinsähnlicher Zusammenschluss, und das Gabelbach-Rennen. Das gab es zwischen 1913 und 1934 als Rennen für Autos und Motorräder. Die berühmtesten Rennfahrer der Zeit wie Manfred von Brauchitsch, Rudolf Caracciola oder Bernd Rosemeyer nahmen teil. Die Gabelbach-Gemeinde hatte sich vor allem der Goetheverehrung verschrieben. Bis 1903 stand ihr der Oberamtsrichter Karl Friedrich Schwanitz vor, zu ihr gehörten unter anderem Joseph Victor von Scheffel, Rudolf Baumbach und Friedrich Hofmann, ihre Geschichte hat August Trinius aufgezeichnet. Von Scheffel schrieb das „Gabelbachlied".

Das Jagdhaus Gabelbach

Das **Goethehäuschen** war ursprünglich nicht mehr als eine Schutzhütte für Jäger auf dem Kickelhahn. Am 6. September 1780 hat Goethe sein Gedicht „Über allen Gipfeln ist Ruh“ hier mit Bleistift an die Holzwand geschrieben, besagt die Überlieferung. Von August Linde stammt ein Foto der Wand aus dem Jahr 1868 mit der erhaltenen Schrift. Berginspektor Johann Christian Mahr (1787–1869) hat die Szene mitgeteilt, wie Goethe am 27. August 1831, dem Vortag seines 82. Geburtstages, wieder in der Hütte vor seinen Versen stand

Das Goethehäuschen auf dem Kickelhahn

und ihm die Tränen liefen. 1870 brannte die Hütte ab, unachtsamen Beerensammlern wird die Schuld zugeschrieben, vier Jahre später wurde die Hütte wieder aufgebaut. Im frei zugänglichen Inneren sind die Verse heute in verschiedenen Sprachen zu lesen. Die originale Eingangstür ist im Museum Jagdhaus Gabelbach zu sehen.

Der Neubaukomplex **Goethe-Passage** mit Front zum Marktplatz zwischen Weimarer Straße und Wallgraben wurde 1994 eingeweiht. Er ersetzte ein Ensemble teilweise stark verfallener Bauwerke unterschiedlicher Höhe und Größe, darunter das historische Hotel „Zur Sonne", auf das Goethe aus seiner Wohnung im Amtshaus schaute. Gastronomie, Einzelhandel und ein Supermarkt erlebten ebenso wie die Passage insgesamt mehrfache Besitzerwechsel, bis die Stadt alles übernahm und eine schrittweise Umprofilierung in Richtung Dienstleistungszentrum anstrebt.

Blick über den Ritzebühl zur Goetheschule

Die **Goetheschule** ist ein staatliches Gymnasium in der Herderstraße 44. Der 1922 eröffnete Schulbau trägt seit dem 20. Oktober 1922 den Namen Goethes. Als Erweiterte Oberschule (EOS) in DDR-Jahren mit mathematischen Spezialklassen geführt, später auch mit naturwissenschaftlich-technischer Spezialisierung. Mit dem Übergang zum gegliederten Schulwesen nach 1990 wurde die Schule um die Klassenstufen 5 bis 8 erweitert und die vormalige

Karl-Liebknecht-Schule (Knabenschule) als Haus II angegliedert. Um der stark gewachsenen Nachfrage nach gymnasialer Bildung gerecht zu werden, entstand als Neugründung das **Gymnasium am Lindenberg**. Somit verfügt Ilmenau über zwei der drei Gymnasien des Ilm-Kreises. 1953 in Ilmenau und 1960 in Köln wurden Vereine ehemaliger Goetheschüler gegründet. Der Ball ehemaliger Goetheschüler am 27. Dezember ist seit vielen Jahren ein festes Datum im Veranstaltungskalender.

Der 1970 angelegte **Goethewanderweg** wurde 2005 als „Qualitätsweg Wanderbares Deutschland" zertifiziert. Auf zirka 20 Kilometern Länge verbindet er Punkte und Stationen zwischen Ilmenau und Stützerbach, die das Wirken Goethes in der Region markieren. Er beginnt am Amtshaus Ilmenau und endet am Goethemuseum in Stützerbach. Besuche und Aufenthalte Goethes in Ilmenau zwischen 1776 und 1831 (letzter

Geburtstag) sind vielfach dokumentiert und dargestellt. Das Goethe-G in Sütterlinschrift [g] findet sich auf allen Hinweistafeln entlang des Wanderwegs.

Grenzhammer ist die Bezeichnung für ein einstiges Hammerwerk, das auf der Grenze zwischen dem Herzogtum Sachsen-Weimar und dem Fürstentum Schwarzburg-Sondershausen lag. Ursprünglich gehörte die Siedlung zu Unterpörlitz und ist seit 1923 Teil von Il-

Das ehemalige Bahnhofsgebäude Grenzhammer

menau. Im nahen Schortetal baute man Flussspat ab, der hier verarbeitet wurde und für die Glas- und Metallschmelze als Zuschlagstoff diente. In der Goethezeit war die Errichtung eines Hüttenwerkes zur Gusseisenerzeugung vorgesehen, der Plan zerschlug sich. Eine Glashütte, die fünfte in Ilmenau, wurde 1968 abgerissen. Mit der Stilllegung der Bahnstrecke Ilmenau–Großbreitenbach 1998 ging die Bedeutung als Bahn-Haltepunkt verloren, der 1881 eingerichtet worden war. Auch ein Flächennaturdenkmal trägt die Bezeichnung. Nahebei stand bis zu einem Blitzschlag 2015 die größte Bergulme Europas. Der Auwald Grenzhammer hat zahlreiche Spechthöhlen, 24 Arten von Brutvögeln sind nachgewiesen. Der Ortsteil hat im Zug der Entwicklung der Technischen Universität starke Aufwertung erfahren, es entstanden Einfamilienhäuser und Energiesparhäuser als Studentenunterkünfte. Nahe der Gaststätte „Fridolin" findet sich ein Ilm-Wehr.

HAMMERGRUND ist die Bezeichnung für eine Flur zwischen Ilm und Schleusinger Straße in Richtung Ortsteil Manebach. Das Stadion Hammergrund und das Sport- und Freizeitbad lockt mit beheizten Becken und einer 73 Meter langen Rutsche zahlreiche Besucher an. Das Areal grenzt an den Stadtpark und ist auf einem Rad- und Wanderweg zu erreichen. Rund zwei Jahre dauerte die grundhafte Sanierung des Stadions, Erneuerung des Hauptspielfeldes, ein neues Kleinspielfeld, Kunstrasen inbegriffen. Hier wird nicht nur Fußball gespielt, auch die Leichtathletik hat hier ihr Domizil. Hier starten alljährlich am Ostersonnabend Wanderun-gen mit unterschiedlicher Streckenlänge. Im Hammergrund nahmen früher Mühlgräben und Wehre ihren Anfang, die nur noch teilweise vorhanden sind. Seit 1910 erinnert ein Gedenkstein im Stadion an Turnvater Friedrich Ludwig Jahn.

Der **Hauptfriedhof** an der Erfurter Straße ist etwa fünf Hektar groß und Bestandteil sowohl des Goethewanderweges als auch des neueren Wanderwegs von Goethe zu Bach. Zum Friedhof gehören die sanierte Kreuzkirche und die alte klassizistische Feierhalle (erbaut 1836/1837), die man 2011/2012 zu einem Kolumbarium umbaute. Gleich links des Haupteingangs findet sich neben

Das Kolumbarium

weiteren historischen Grabsteinen der Grabstein der Schauspielerin und Sängerin Corona Schröter. An Goethe erinnert der nach ihm benannte Brunnen in Bauhausstil. Es gibt eine neu gestaltete Kriegsgräberstätte und ein Ehrenmal für gefallene Sowjetsoldaten. Das gesamte Gebäudeensemble im Eingangsbereich steht unter Denkmalschutz.

Das **Henneberg-Porzellanwerk** wurde 1777 als Hersteller von Haushaltsporzellan mit dem Markenname „Graf von Henneberg" gegründet. 1973 wurden alle Ilmenauer Porzellanfabriken zusammengefasst als Neues Porzellanwerk Ilmenau (NPI). Von der Zentralisierung waren auch andere Fabriken im damaligen Kreis Ilmenau betroffen, wie z. B. das Porzellanwerk in Gehren. Der Neubau am Eichicht beschäftigte zeitweise mehr als 3.000 Mitarbeiter, von denen die meisten nach 1990 ihre Arbeit verloren. 2002 wurde die Produktion endgültig eingestellt, nur der Name der Endstation der Buslinie erinnert noch daran. Die alte Produktionsstätte lag an der Erfurter Straße und wurde abgerissen. Eine ganze Reihe weiterer Porzellanhersteller und -malereien hatten ihren Sitz hier, die bekanntesten „Metzler & Ortloff", „Galluba & Hofmann", „Arno Fischer", „E. A. Grimm" und „Schumann & Klett".

Der **Hennebrunnen** ist der einzige Ilmenauer Brunnen, der den großen Stadtbrand von 1752 überstand. Wann er ge-

Der Hennebrunnen auf dem Marktplatz

nau gebaut wurde, ist nicht überliefert, sein heutiger erhöhter Zustand geht auf das Jahr 1909 zurück. Ihn krönt das Wappentier der Grafen von Henneberg, deren Wappen ins Ilmenauer Stadtwappen integriert ist. Die Henne selbst hält in ihren Krallen das sächsische Wappen. Als Zeugnis des Barock steht er unter Denkmalschutz und ist zugleich der größte Brunnen der Stadt. Er schmückt das Ensemble des Marktplatzes mit Rathaus, Amtshaus und Goethe-Passage. Bei Veranstaltungen auf dem Markt bietet der Hennebrunnen beste Sicht.

Die 1899 geweihte **Hertzer-Promenade** verläuft auf rund einem Kilometer entlang der Südseite Ilmenaus. Sie ist nach Johann Christian Hertzer (1807–1884) benannt, der von 1849–73 der Stadt als Bürgermeister vorstand. Die Anlage von Promenaden gehörte im ausgehenden 19. Jahrhundert zum Konzept, Ilmenau zur Kurstadt zu entwickeln. Der

Empfehlenswert ist eine Wanderung entlang der Hertzer-Promenade zur Bobhütte

Weg verläuft in einer Höhe von etwa 540 Metern und gehört zum Ilmenauer Naturpfad. Ruheplätze, Gedenksteine, Brunnen, Quellen liegen am Weg und mit kleinen Tafeln wurde an Gäste und Bewohner Ilmenaus gedacht, die sich um die Entwicklung des Kur- und Badewesens verdient gemacht hatten. Eine weitere Promenade trägt den Namen des Badearztes Emil Preller (1836–1893). Vor allem nach 1990 ist viel für ihre Sanierung und Rekonstruktion getan worden.

Heyda ist seit 1994 Ortsteil von Ilmenau. Die Wipfra speist den Stausee Heyda, der nach mehrjähriger Bauzeit 1989 als Wasserspeicher für die Landwirtschaft in Betrieb genommen wurde. Inzwischen entwickelte sich daraus ein beliebtes Ausflugsziel mit Möglichkeiten zum Wassersport. Ein Wanderpfad führt rund um den See. Der Stauwurzelbereich ist Naturschutzgebiet. Zum Jahresende 2014 wohnten in Heyda

---

Am Stausee Heyda

424 Einwohner. 2001 feierte der landwirtschaftlich geprägte Ort das Jubiläum 650 Jahre erste urkundliche Erwähnung. Über die Dorfgrenzen hinaus bekannt ist der 1992 gegründete Karnevalsverein, dessen alljährlich vier Büttenabende ein begeistertes Publikum finden. Ein berühmter Sohn Heydas ist der Bachforscher Johann Nicolaus Mempel (1713–1747).

J

Die **Jagdanlage auf dem Kickelhahn** wurde seit 2004 schrittweise von Bodendenkmalpflegern freigelegt und konserviert. Als Schießplatz erstmals 1591 urkundlich erwähnt. Besteht aus einem dem vermutlichen Original nachempfundenen Pirschhaus sowie drei Pirschgängen zwischen 70 und 90 Metern Länge. In der jetzigen Form unter Herzog Ernst August (1688–1748) für seine ausgedehnten Jagden genutzt, wurde sie dann dem Verfall preisgegeben. Als Goethe nach Ilmenau und auf den Kickelhahn kam, war die Anlage nicht mehr in Betrieb. Die herrschaftlichen Jäger lockten nun das Wild mit Salzlecken und Fütterungen in die Nähe des Jagdschirmes, von wo aus eine günstige Schussposition gegeben war.

Im Jahr 1783 ließ Herzog Carl August das **Jagdhaus Gabelbach** errichten. Seit 1969 wird es als Museum genutzt. Die neue Ausstellung „Goethe, die Natur und seine Ilmenauer Weggefährten“ ist seit September 2015 für Besucher geöffnet, seit 2012 ist außerdem „Der Kickelhahn – Goethes Wald im Wandel“ zu sehen. Nach 1909 war die Gabelbach-Gemeinde Mieter, 1921 ging der Bau in den Besitz des Landes Thüringen über. Das Jagdhaus liegt am Goethewanderweg. Goethe war mit seinem Herzog mehrfach hier, zuletzt 1831 aus Anlass seines 82. Geburtstages mit seinen Enkeln. Speziell an Kinder richtet sich die Veranstaltungsreihe „Kickis Waldabenteuer“.

Die **Sankt-Jakobus-Kirche**, evangelisch-lutherische Stadtkirche, geht in ihrer Baugeschichte bis ins 12. Jahrhundert zurück. Im Zuge der umfangreichen Sanierung in den Jahren 1990 bis 2006, die innen begonnen wurde, barg man durch Ausgrabung und Sicherung historische Befunde, die teilweise im Kirchenboden sichtbar gemacht bleiben. Ihre jetzige Gestalt geht auf die Jahre nach dem Stadtbrand 1752 zurück, der

Die Sankt-Jakobus-Kirche

Turm erstand 1770 wieder. Neben den Gottesdiensten bietet die Kirche ein vielfältiges Veranstaltungsprogramm mit Konzerten und Ausstellungen, die Walcker-Orgel aus dem Jahr 1911 (Weihe am 25. Juni) gilt als größte romantische Orgel Thüringens. An der Fassade findet sich ein Denkmal, welches den Opfern der Diktatur 1945–1989 gewidmet ist.

Der **Johannesschacht**, genauer „Schacht Neuer Johannes", wurde am 24. Februar 1784 von Goethe angeschlagen. Er war innerhalb des ehrgeizigen Versuches, unter und für Herzog Carl August den Ilmenauer Bergbau wiederzubeleben, ein Ort der Hoffnung. Daran wird mit einem Gedenkstein an der Erfurter Straße, Ortsausgang Richtung Roda, erinnert. Die technisch-handwerkliche Meisterleistung der Errichtung von vier riesigen Kunsträdern zur Förderung und Ableitung des Wassers

konnte den finalen Wassereinbruch und die Stilllegung 1796 nicht verhindern. Pläne, den Schacht für touristische Zwecke zugänglich zu machen, sind in jüngster Vergangenheit wiederholt diskutiert worden. Das funktionstüchtige Modell eines Kunstrades ist im GoetheStadtMuseum zu besichtigen.

Gedenkstein am Johannesschacht

Der 861 Meter hohe **Kickelhahn** ist der Hausberg von Ilmenau und höchster Punkt des Goethewanderwegs. Der 24 Meter hohe Marienturm (Grundsteinlegung 1854, Eröffnung 1855) ist der älteste erhaltene Aussichtsturm im Thüringer Wald mit herrlichem Rundblick. Reichlich die Hälfte der Kosten trug Großherzogin Maria Pawlowna, deren Initiative der Bau zu verdanken ist. Die restlichen Mittel wurden durch Spenden zusammengetragen. Das Baumaterial gewann man gleich vor Ort, den Porphyr lieferte der Kickelhahn, der Sandstein kommt aus dem Gebiet zwischen Ilmenau und

Martinroda. Neben dem Turm befindet sich eine Ausflugsgaststätte. In unmittelbarer Nähe befinden sich auch das Goethehäuschen und die Jagdanlage, etwas weiter in Richtung Manebach der Herrmannstein. Miniaturen des Turmes und des Goethehäuschens sind auf dem Bahnhofsvorplatz aufgestellt. In den DDR-Jahren wurde als FDJ-Initiative eine Wasserleitung auf den Berg gelegt. Auf dem Kickelhahn findet alljährlich am letzten Sonntag im August das Kickelhahnfest statt. Es erinnert auch an Goethes Geburtstag am 28. August.

Das Areal des Georg-Schmidt-Technikums der Technischen Universität an der Weimarer Straße wird auch **Kleiner Campus** genannt. Dazu gehören die Altgebäude Curiebau, Faradaybau, der neue Röntgenbau und im erweiterten Verständnis das Helios-Gebäude, in dessen Anbau früher die Hochschulbibliothek ihren Sitz hatte, ehe der Neubau Oktogon (offiziell Leibnizbau) an

Der Curiebau in der Weimarer Straße

der Langewiesener Straße bezugsfertig wurde. 2015 wurde die Erweiterung des Faradaybaus übergeben, er selbst aufwändig saniert wie zuvor auch der Curiebau mit seinem überdachten Innenhof. Außerhalb des Areals wird auch das „Gebäude V“ an der Unterpörlitzer Straße, das noch aus den 1950er-Jahren her oft „Märchenschloss“ genannt wird, weil dort einst der Bereich Marxismus-Leninismus residierte, dazu gezählt. Die Wegzeiten für Studenten zwischen dem Campus auf dem Ehrenberg und hier sind verkürzt durch den Neubau der imposanten Pylonbrücke für Radfahrer und Fußgänger über die Gleise des ausgedehnten Bahnhofsgeländes. Sie trägt seit 2015 den Namen Nelson Mandelas.

Der **Knebel-Blick** ist markanter Aussichtspunkt auf dem Ehrenberg, benannt nach Karl Ludwig von Knebel (1744–1834). Er ist der immer „Ur-Freund" genannte Mann, der die folgenreiche Bekanntschaft Goethes mit dem jungen Herzog Carl August vermittelte. Knebel lebte einige Jahre in Ilmenau, zwei Tafeln am Wenzelschen Haus in der Lindenstraße erinnern daran, seine erste Wohnung in der Marktstraße 17 ist bisher nicht gekennzeichnet. Auf dem Ehrenberg war einer seiner Ilmenauer Lieblingsplätze. Seit 1997 erinnert ein Gedenkstein auch an den Geologen Professor Dr. Hans Weber („Der Ilmenauer Naturpfad", 1950 und später). Das Panorama zeigt Ilmenau

Die Kreuzkirche am Hauptfriedhof

mit dem Campus der Technischen Universität im Vordergrund, Bewaldung nur noch in Richtung Langewiesen.

Die **Kreuzkirche** ist eine Saalkirche mit dreiseitigem Chor auf dem Ilmenauer Friedhof. Mit der Verlegung des Friedhofs vom Kirchplatz vor das obere Tor wurde der Bau (1630–1632) als Gebäude für die Trauerfeierlichkeiten notwendig. In den Jahren 1752 bis 1761 fanden hier die Gottesdienste der abgebrannten Kirche St. Jakobus statt. Der jetzige Bau geht auf das Jahr 1852 zurück. 1902 wurde die Kirche erweitert, neu ausgemalt und erhielt eine farbige Bleiverglasung. Am 26. September 1948 wurde eine neue Glocke eingeweiht. Das jetzige Aussehen geht auf das Jahr 1987 zurück, 1990 Renovierung des Kircheninneren, 1995/96 neue Beschieferung. Die Kirche dient auch als stimmungsvoller Veranstaltungsort.

L Die kleine Parkanlage zwischen den Gleisen der Rennsteigbahn und der Waldstraße trägt seit 1954 den Namen **Lessingpark**. Seine Einrichtung begann 1869 mit der Einweihung der Sophienhalle, die mit Schenkungsgeldern der Großherzogin Sophie (1824–1897) gegenüber der Prellerschen Badeanstalt errichtet wurde. Aus ihr wurde 1907 die Lesehalle am jetzigen Standort. Mit dem Einzug des Antik-Cafés (2004) wurden die lange leerstehende Lesehalle und der Park wieder

Die ehemalige Lesehalle im Lessingpark

aufgewertet und entwickelten sich zu einem romantischen Platz entlang der Ilm. Die Erinnerung an Ilmenaus Zeiten als Kurort im 19. und beginnenden 20. Jahrhundert ist hier und im Alten Kurpark zwischen Waldstraße und Scheffelstraße noch besonders sinnfällig. Um den Park einzurichten, musste eine Schlackenhalde als Überrest des nahen Bergbaus erst beseitigt werden.

Mit 749 Metern Höhe ist der **Lindenberg**, so etwas wie der zweite Hausberg der Stadt. Am 19. Januar 2007 verursachte der Orkan Kyrill einen großflächigen Windbruch in der vorherrschenden Fichtenkultur. Die gezielte Wiederaufforstung mit Mischwald begann zügig im gleichen Jahr mit breiter Beteiligung der Ilmenauer Bevölkerung. Vom Aussichtspunkt „Ilmenauer Balkon" bietet sich nicht zuletzt dank der fehlenden Bäume ein atemberaubender Blick über ganz Ilmenau. Hier liegen auch die Ursprünge des Ilmenauer Bob- und Rodelsportes. Das jüngere der beiden Ilmenauer Gymnasien ist nach dem Berg benannt, es besteht aus einem Neubau von Anfang der 1990er-Jahre und der früheren „Wilhelm-Pieck-Schule".

M

Manebach ist seit 1994 Ortsteil der Stadt Ilmenau und mit zirka 1.500 Einwohnern der zweitgrößte Ortsteil. Urkundlich erstmals im Jahr 1351 erwähnt. Im 17. und 18. Jahrhundert gab es Steinkohle- und auch Kupferbergbau. Die Manebacher arbeiten als Waldarbeiter, Köhler, Harzer, Pechsieder, später als Schachtelmacher und Glasbläser. Berühmt war Manebachs Maskenproduktion. Die Kripplein-Jesu-Kirche steht seit 1979 unter Denkmalschutz. Wegen seiner Fossilienfun-

---

Blick auf Manebach

de ist der Ort unter Wissenschaftlern weltweit ein Begriff, die Heimatstube im „Haus des Gastes“ zeigt Beispiele. Der Campingplatz Meyersgrund ist bei Campern das ganze Jahr hindurch beliebt. Dank des klaren Gebirgswassers gibt es in Manebach einen Betrieb, der sich auf die Aufzucht und Weiterverarbeitung von Fisch spezialisiert hat; nicht nur unter Gastronomen ein Geheimtipp. 2001 feierten alle Ortsteile Ilmenaus ihr 650-jähriges Bestehen. Manebach liegt an der zwischenzeitlich stillgelegten Eisenbahnstrecke Ilmenau–Schleusingen, auf der jedoch seit Juni 2014 Bahnbetrieb an Wochenenden und Feiertagen erfolgt.

Der **Münzkeller**, auch Alte Münze genannt, gilt als eines der ältesten oder gar das älteste Gebäude Ilmenaus. Das Kellerhaus gehörte neben dem Hauptgebäude „Alte Münze“ zum Witzlebenschen Freihof, in dem von 1691 bis 1702 eine Münzstätte eingerichtet war.

Der Münzkeller

Zwei Tonnengewölbe gehen vermutlich auf das 16. Jahrhundert zurück. Eine grundlegende Sanierung fand zwischen 1994 und 1996 statt. Das Museum zeigt darin Zeugnisse der Ilmenauer Baugeschichte und nutzt die Räumlichkeit für Schülerveranstaltungen, etwa „Schreiben wie zur Goethezeit". Besichtigungen sind im Rahmen von Stadtführungen möglich.

OBERPÖRLITZ ist seit 1993 Ortsteil der Stadt Ilmenau. Innerhalb von nur zehn Jahren nach 1990 verdreifachte sich die Bevölkerungszahl, weil großzügige Bauflächen für den privaten Wohnungsbau angeboten wurden. Nur für 50 Jahre hatte der Ort eine eigene Schule, eine eigene Kirche dagegen nie. Das 1958 errichtete Schwimmbad im Leiterbachtal ist inzwischen renaturiert worden. Das ungenutzte Schulgebäude wurde in

Blick nach Oberpörlitz

einen Mehrzweckbau umgewandelt. Seit 1999 gibt es die sogenannte „Kleine Festhalle“ als Domizil der örtlichen Vereine. Der „Napoleonstein“ aus dem Jahr 1913 erinnert an die Völkerschlacht bei Leipzig, an den Hirtenbuschteichen steht ein Kriegerdenkmal mit den Namen der gefallenen Pörlitzer während der beiden Weltkriege. Von der Aussichtsplattform im „Zoo- und Gartenbedarf Vogler“ hat man einen weiten Blick ins Land.

P

Die Altvorderen hätten das zugige, vom Wind geschüttelte Gebiet niemals bebaut, aber die **Pörlitzer Höhe** punktet zum Ausgleich mit üppigen Sonnenstunden. Der Baubeginn war 1978/79, insgesamt sollten 3.000 Wohnungen entstehen, Schulen, drei Kinderbetreuungseinrichtungen, Gaststätte, Einkaufsmöglichkeiten, Friseur und Kosmetik inklusive. Der lange angekündigte Haltpunkt der Bahn ging 1995 endlich in Betrieb. Nach 1990

Auf der Pörlitzer Höhe

wurde mit Rückbauten und Sanierungen die Wohnqualität erheblich verbessert. Zum Viertel gehören neben einer privaten Schule weitere öffentliche Schulen sowie zwei Kindergärten. Das Bowlingcenter, ein Fitnessstudio, gastronomische Einrichtungen und weitere Angebote bereichern den Alltag der Bewohner.

Die PRELLER-PROMENADE wurde nach Sanitätsrat Dr. Emil Preller (1836–1893), Direktor der Kaltwasserheilanstalt benannt. Sie wurde am 1. Juni 1894 als neu angelegter Weg an der Hohen Schlaufe geweiht und verläuft auf einer Höhe von etwa 520 Metern. Sie beginnt am Ende der Waldstraße mit dem markanten Friedrich-Hofmann-Denkmal. Unterwegs trifft man auf die Kögler-Grotte und den Prellerplatz etwa in der Mitte. Die „Prellerlinde" bezieht ihren Namen allerdings von Friedrich Preller, dem Vater des Arztes, der an der Weimarer Kunstschule ausgebildet wurde und von Goethe zum weiteren Studium nach Dresden gesandt wurde. Prellers Namen trägt auch eine Villa am Wenzelsberg, erbaut bis 1868 für den erfolgreichen Badearzt. Sie ist nach wechselvoller Geschichte jetzt in eine Seniorenresidenz umgewandelt.

RDas Rathaus am Marktplatz erzeugt mit der Jahreszahl 1426 über dem Glasfenster des Ratskellers kein ganz korrektes Bild, denn das Gebäude ist bei den drei großen Stadtbränden (1603, 1624 und zuletzt 1752) Opfer der Flammen geworden und erstand jeweils neu. Die Jahreszahl 1625 unter dem südöstlichen Erker zeugt vom Jahr des zweiten Wiederaufbaus, aus diesem Jahr stammt auch das Renaissance-Portal in seiner kräftigen Farbigkeit. Anbauten, Erweiterungsbauten und Verbindungen mit Nachbargebäuden am Topfmarkt und in der Obertorstraße bis in die jüngste Zeit nach 1990 konstituieren den heutigen Sitz der Stadtverwaltung und des Oberbürgermeisters mit dem Ratssaal für die Sitzungen des Stadtrates. Bis 1924 erwartete der Ratskeller seine Gäste noch im Erdgeschoss, in dem später die Sparkasse und danach das Einwohnermeldeamt ihren Sitz fanden.

Das Rathaus am Marktplatz

Der Gabelbach speist in seinem Unterlauf die **Ritzebühler Teiche**. Wegen der Vorkommen an Molchen, Fröschen und Kröten entstand hier einer der ersten Amphibienschutzzäune Mittelthüringens. Der Name ist sowohl mit dem Eissport als auch dem Tennissport verbunden, nicht nur Gymnasiasten kennen das Gewässer wegen der Laufstrecke rundherum. Die Vielzahl schützenswerter Arten führte zu Konflikten bei Bauvorhaben in der Nachbarschaft.

Roda wurde 1939 nach Ilmenau eingemeindet und war bis 1981 einziger Ortsteil der Stadt. Mit dem Bau der Kirche begann man 1573 und vollendete sie 1696. Seit 1879 verfügt Roda über einen eigenen Bahnhaltepunkt an der Strecke Ilmenau–Erfurt, der mit wirtschaftlichem Aufschwung in Verbindung steht. Der früher vom Bergbau geprägte Ort hatte 1932 mit mehr als Tausend seine größte Einwohnerzahl, heute leben hier reichlich 500 Menschen. Geschichte ist der Rodaer Badeteich mit Sprungturm, Gegenwart die Rodaer Kleinkunstbühne und das Theater aus dem Bauch (TAB), das nicht nur Kinder begeistert. Die jetzige Straße nach Elgersburg entstand 1978/79 als eine der ersten Ortsumgehungsstraßen der Region.

Die Kirche in Ilmenau-Roda

Die **Rennschlittenbahn** am Nordhang des Floßberges trägt den Namen des erfolgreichen DDR-Rennrodlers Wolfram Fiedler (1951–1988). Auf einer Länge von 430 Metern mit acht Kurven ist Sommerrodeln möglich, Messstrecke 325 Meter, das Gefälle beträgt

12 Prozent. Eingeweiht wurde sie am 7. Oktober 1989. Seit 1994 wird jeweils im September der FIL-Sommercup hier ausgetragen, der Prominentencup 2000 ins Programm aufgenommen. Seit der Wintersaison 2000/2001 auch Skeleton. Lang ist die Liste der Medaillengewinner im Rodel- und Bobsport, die selbst aus Ilmenau kommen oder hier ihre Karriere begannen, der Rodelclub Ilmenau und der Traditionsverein Schlitten und Bob Ilmenau pflegen ihr Andenken. Der Traditionsverein betreibt seit 2012 die „Schlittenscheune", deren Ausstellung samstags besichtigt werden kann.

S

Der Straßenname **Schlossmauer**, im Stadtzentrum, erinnert an das Rokokoschloss, das von Gottfried Heinrich Krohne erbaut wurde. Die Grundsteinlegung war 1734, nach mehr als fünfzehnjähriger Bauzeit gab es im Oktober 1746 das erste herzogliche Familientreffen. Der kleinen Schlossanla-

Die Alte Försterei am Wetzlarer Platz

ge im heutigen Bereich zwischen Poststraße, Schlossmauer und Wetzlarer Platz war nur eine kurze Lebensdauer beschieden, schon 1752 brannte das Ensemble von 1740 ab, lediglich die Alte Försterei erinnert noch daran. Zu DDR-Zeiten hatten die Kreisdienststelle des Ministeriums für Staatssicherheit und das Wehrkreiskommando der NVA ihren Sitz an der Schlossmauer, der Volksmund sprach unter Einbeziehung der nahen SED-Kreisleitung (heute Musikschule) vom „Bermuda-Dreieck".

Der **Stollen** ist das erste große Plattenbauwohngebiet der Stadt, 1971 begonnen, den so genannten Altneubaubestand Hüttenholz ergänzend. Die insgesamt 28 Blocks sind komplett saniert, auch nach 1990 gab es keinen bestandsgefährdenden Leerstand. Zu den ersten Neumietern zählten Mitarbeiter der TH Ilmenau, später kamen Beschäftigte des Industriegeländes hinzu. Der Stollen war das erste Wohngebiet Ilmenaus mit kompletter Fernheizung. Zum Viertel zählen das einzige Hochhaus der Stadt mit vierzehn Etagen, zwei Schulen, ein Kindergarten, eine Jugendherberge, ein Altenheim, die Schwimmhalle der Stadt. Die meisten Straßen wurden nach 1990 umbenannt und tragen Namen von Persönlichkeiten der Ilmenauer Geschichte wie Bergrat-Mahr-Straße, Bergrat-Voigt-Straße oder mit Bezug zur Ilmenauer Industrie wie die Johann-Friedrich-Böttger-Straße.

Das Hochhaus am „Stollen"

T

Das **Technikum** wurde am 3. November 1894 als „Thüringer Technikum" eröffnet und gilt als Keimzelle der heutigen Technischen Universität. Hier begann die Ilmenauer Ingenieurausbildung. Erste technische Bildungsstätte der Stadt war die am 15. April 1894 eröffnete Großherzoglich-Sächsische Fachschule und Lehrwerkstatt für Glasinstrumentenmacher. Das erste Lehrgebäude wurde bereits 1896 nach hinten erweitert. 1898 wurde die Maschinenfabrik „Schmidt & Co." als Lehrfabrik gegründet, eine Zweigstelle des Technikums entstand 1920 in Bad Sulza. Der sanierte Curiebau der TU an der Weimarer Straße trägt die Aufschrift „Technikum" noch. Als private Bildungsstätte bis 1948 von Georg Schmidt geleitet. Von 1936 bis 1943 war hier der Sitz der Reichsfinanzschule.

Das Tannenwehr wurde ursprünglich errichtet, um den Mühlgraben zu speisen, an dem einige Mühlen lagen. Die Mühlenstraße und der Mühlgraben erinnern noch daran, ebenso der Generator auf dem Gelände der Sparkasse, der heute noch betrieben wird. Der auch dem Hochwasserschutz dienende Mühlgraben trifft kurz vor der Fischerhütte wieder auf die Ilm. Eine Fisch-

Das Tannenwehr an der Tannenbrücke

aufstiegsanlage ermöglicht es Forellen und anderen Fischen, flussaufwärts zu gelangen. Nahe das Hotel „Tanne“ am Ende der Lindenstraße. Es ersetzt den 1992 abgerissen historischen Hotelbau gleichen Namens, der Gründungsort des Thüringerwald-Vereins war und später als Studentenunterkunft diente. Der Name „Tanne“ stammte von einem Gasthaus und Ausspanne die diesen Namen trug.

Die Technische Hochschule Ilmenau, vormals Hochschule für Elektrotechnik, wurde 1992 in den Rang einer Technische Universität erhoben. Hervorgegangen aus einer über 120-jährigen Tradition der Ingenieurausbildung, zeichnen sich Forschung und Lehre der einzigen technischen Universität Thüringens heute durch die Verknüpfung von Ingenieurwissenschaften mit Wirtschaftswissenschaften, Mathematik, Naturwissenschaften und Medien aus. 1956 begann die Bebauung des Ehrenberges mit der Grundsteinlegung für den Helmholtzbau, die Bebauung wurde bis in die jüngste Vergangenheit fortgesetzt, was der TU den Charakter einer kompakten Campus-Universität verleiht. Der Campus der Universität gilt aufgrund seiner modernen Ausstattung und landschaftlich reizvollen Lage als eines der attraktivsten Hochschulareale ganz Deutschlands. Für November 1956 lud die damalige Hochschule zum

Der Kirchhoffbau der TU Ilmenau

I. Internationalen Wissenschaftlichen Kolloquium (IWK). Hier sendet das älteste Studentenradio Deutschlands. Nach 1990 verdoppelte sich die Studierendenzahl innerhalb von zehn Jahren und liegt heute zwischen 6.000 und 7.000. Mit zahlreichen Ausgründungen strahlt die TU auf die wirtschaftliche Entwicklung der Stadt aus.

Technologieterminal

Das **Technologieterminal** ging aus dem früheren Bahnhof Ilmenau hervor. Die Erfurter Bahn bedient ihn regelmäßig auf der Strecke Ilmenau–Erfurt. Regelmäßig befahren wird die Strecke Ilmenau–Bahnhof Rennsteig. Gänzlich aufgegeben ist die Linie Ilmenau–Großbreitenbach (früher Bahnsteig 3). Der Umbau zum jetzigen Status, verbunden mit einer funktionalen und optischen Aufwertung des Bahnhofsvorplatzes, begann im Oktober 2010. Eröffnung des

Terminal A (erste und zweiter Bauabschnitt) im Oktober 2011, Terminal B im Oktober 2013. Die Verbindung zur Stadt, zwischenzeitlich vom neuen Verlauf der Bundesstraße wie abgeschnitten, wird jetzt auch durch das Kunstwerk „Transversale" sinnfällig gemacht. Das Werk der Künstlerin Gloria Mans war Sieger einer Ausschreibung der Stadt. Seit 2015 trägt das Bahnhofsareal den Namen „Blue Ash Park" als Würdigung der seit 2002 bestehenden Partnerschaft mit der Stadt Blue Ash in den USA. Symbolhaft wurde eine namensgebende Blau-Esche gepflanzt.

Teichgebiet, prosaischer Name für ein innerstädtisches Biotop, das in dieser Form seinesgleichen mitten in Stadtgebieten sucht. Dazu gehören der Große Teich, der Neuhäuser Teich, der Dixbixer Teich, der Brandenburger Teich, der Steinteich und das Prinzessinnenloch. Am Brandenburger Teich entstand 1891 eine erste Badeanstalt, die nur

Das Naturschutzgebiet am Großen Teich

kurzen Bestand hatte. Nachdem gleich nebenan am Großen Teich ein Herrenbad (1900) und Damenbad (1904) eingerichtet wurde, war am Brandenburger Teich Schluss. Der Badebetrieb musste in DDR-Zeiten wegen Wasserverunreinigungen eingestellt werden, er wechselte ins neu gebaute Freibad Hammergrund. Ein Teil des Gesamtareals ist

heute Flächennaturdenkmal. Am Ort des einstigen Sprungturmes kann man Brutvögel beobachten. Am Großen Teich gibt es einen kleinen Tierpark und ein Schullandheim in freier Trägerschaft. Das alljährliche Abfischen wird von den Fischzüchtern für ein Volksfest genutzt. Wegen der Nähe zur Universität ein beliebter Erholungsort für Studenten.

Der **Topfmarkt** ist ein Platz hinter dem Rathaus, der im Rahmen der Altstadtsanierung komplett neu gestaltet wurde. Es erfolgte der Neubau eines Seniorenzentrums. An der Ostseite kann man das älteste Schulgebäude der Stadt entdecken, das inzwischen der Stadtverwaltung zur Verfügung steht. Er war namensgebend für den hier stattgefundenen und neu ins Leben gerufenen Töpfermarkt, der aus Platzgründen in die Lindenstraße umgezogen ist. Immer am ersten Mai-Wochenende finden sich Keramiker und ihre begeisterten Anhänger zum Verkauf und Kauf irdener Waren ein.

U

Unterpörlitz ist der größte Ortsteil der Stadt, die Eingemeindung erfolgte 1981 im Zuge des Ausbaus der Plattenbausiedlung Pörlitzer Höhe, die großenteils auf Unterpörlitzer Gemarkung entstand. Die Einwohnerzahl übertraf 1956 einmal knapp die Marke 2.000, jetzt wieder jenseits der 1.600.

Das einst sehr beliebte Waldbad wurde als Ausgleichsmaßnahme für den Bau der Autobahn rückgebaut und rena-

Die Dorfkirche in Unterpörlitz

turiert. Von den 64 im Jahr 1923 zur Gemeindeflur gehörenden Teichen sind noch 18 verblieben. Die zahlreichen Teiche entstanden u. a. für die Versorgung der Bevölkerung mit Fisch. Wie die anderen Ortsteile erstmals 1351 urkundlich erwähnt, aber vermutlich wegen der Lage sogar deutlich älter als die Kernstadt. Die Kirche ist ein 1866 geweihter Neubau. Am Friedhof weist eine Tafel darauf hin, dass einst Goethe mit Frau von Stein an dieser Stelle den Blick in die Landschaft genossen habe. Heutzutage sieht man, wie sich die A 71 mit ihren Brücken Streichgrund und Altwipfergrund durch die Landschaft schlängelt. 1923 erfolgte die Abtrennung des Ortsteiles Grenzhammer mit seinen fünf Flurteilen, insgesamt 186 Hektar.

W

Die ehemalige **Wasserburg** wurde im Zuge der Errichtung des Ilmenauer Behördenzentrums zwischen Wallgraben oberhalb der Goethe-

Ein Teil der Wasserburgruine kann im Finanzamt Ilmenau besichtigt werden.

Passage und Erfurter Straße ausgegraben. Die laufenden Grabungen waren erstmals zum Tag des offenen Denkmals 1998 zu besichtigen. Demnach handelte es sich um die sogenannte Fronfeste der Grafen von Käfernburg, die 1343 an die Grafen von Henneberg überging und nach dem Stadtbrand von 1624 endgültig verfiel. Zwei Drittel der Grabungsfunde wurden in einen Neubau integriert. Im neuen Finanzamt kann alles besichtigt werden, was die Bodendenkmalpfleger freilegen und konservieren konnten. Zwischen Finanzamt und Polizeiinspektion sind auf einer Freifläche das Torhaus, ein Stück Innenhof und der Brunnen sowie Teile des Bergfrieds zu sehen. Die südliche Burgbefestigung ist innerhalb des Finanzamtes präsentiert und zu den Öffnungszeiten zu besichtigen.

Das Zechenhaus

Das ZECHENHAUS ist eines der ältesten Gebäude Ilmenaus, es wurde 1730 oder früher errichtet. Es diente der Verwaltung des Bergbaus,

Z

weshalb auch Goethe dort in seiner amtlichen Tätigkeit mehrfach zu tun hatte. Widerlegt ist die Ansicht, dass das Bergamt dort seinen Sitz hatte. Am 24. Februar 1784 nahm hier der Festzug zur Wiedereröffnung des Ilmenauer Bergbaus seinen Anfang. Am traditionellen Tag der Bergarbeiter zog die Knappschaft mit Fahne zum Posthaus, später „Sächsischer Hof". Dort hielt Goethe die im Wortlaut überlieferte Festrede. Eine Tafel am Themenwanderweg „Oberer Berggraben" informiert knapp zur Geschichte.

ZIEGENBRUNNEN, Werk des Thüringer Bildhauers Volkmar Kühn (geboren 1942) in der Fußgängerzone, aufgestellt 1998. Nimmt die anonym überlieferten Verse „In Ilmenau, da ist der Himmel blau, da tanzt der Ziegenbock mit seiner Frau" zum Anlass für seine muntere Szene mit zwei Ziegen. Die Verse zieren die vier Seiten des Sandsteinsockels und sind ein beliebtes Fotomotiv. Über

Der Ziegenbrunnen in
der Fußgängerzone

der Straße „An der Sparkasse" leuchten die Ziegen in der kalten Jahreszeit, das Logo „Ilmenau Himmelblau" greift ebenfalls auf das Ziegenmotiv zurück.

…weitere Bände aus der Rhino Westentaschen-Bibliothek

Neuerscheinungen Frühjahr 2016:

044 **Thomas Müntzer** – *Stationen seines Lebens und Wirkens*
045 **Kleine Geschichte der Stadt Erfurt**
046 **Kleine Geschichte der Stadt Gotha**
047 **Auf den Spruch geklopft**
048 **Der Harz von A bis Z**
049 **Kleines Strandbuch**
050 **Ilmenau von A bis Z**

Eine vollständige Übersicht aller Bände mit ISBN finden Sie im Internet unter:
www.rhinoverlag.de

RHINOVERLAG